AF370010

VENTE

du Lundi 13 Avril 1908

HOTEL DROUOT — SALLE N° 11

A 2 HEURES

EXPOSITION PUBLIQUE

Le Dimanche 12 Avril 1908

DE 2 H. A 5 H. 1/2

Faïences et Porcelaines

DE

PERSE ET DE CHINE

OBJETS DE VITRINE ET DE CURIOSITÉ

BRONZES, BIJOUX, ORFÈVRERIE, LAQUES

TABLEAUX - DESSINS - GRAVURES

MEUBLES DE STYLE XVIIIe SIECLE

Tapis Anciens de Perse - Étoffes - Broderies

Me Georges TIXIER

COMMISSAIRE-PRISEUR

45, Chaussée d'Antin, 45

M. Arthur BLOCHE

EXPERT PRÈS LA COUR D'APPEL

52, Rue de Châteaudun, 52

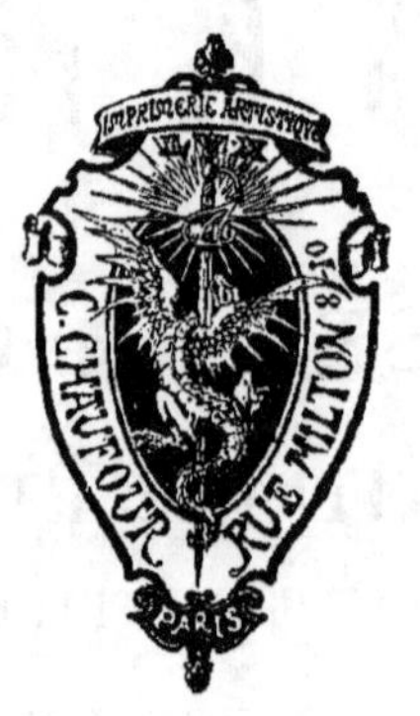

CONDITIONS DE LA VENTE

Elle sera faite expressément au comptant.

Les acquéreurs paieront 10 o/o en sus des en-
chères.

L'exposition mettant le public à même de se rendre
compte de l'état des objets, il ne sera admis aucune
réclamation une fois l'adjudication prononcée.

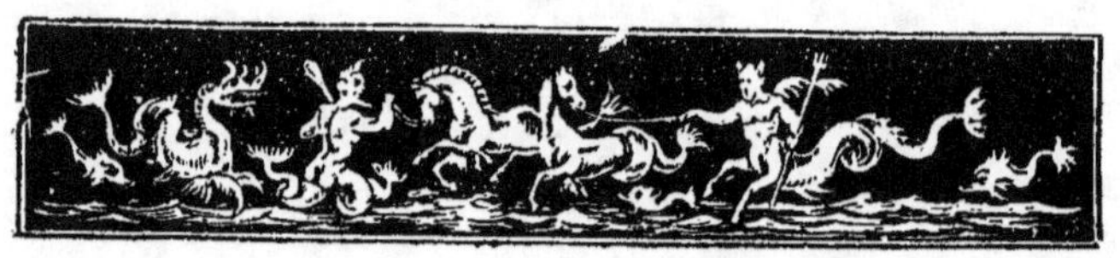

DESIGNATION

FAIENCES, PORCELAINES
DE L'ORIENT ET DE L'EXTRÊME-ORIENT

1 — Gros vase en terre peinte en vert et vernissée, ancienne poterie assyrienne ixe siècle.

2 — Grande potiche en ancienne faïence persane, décor à colonnades fond noir dessin polychrome et médaillons fond blanc, à rosaces fleuries en émaux de couleur.

3 — Potiche de même forme, de même facture et de même décor.

4 — Plat rond en ancienne faïence persane, décor très curieux à rosaces, marli quadrillé en bleu, vert et rouille de fer.

5 — Vase en terre vernissée bleu turquoise, décor gravure sous couverte, orné de cinq anses.

6 — Plat en ancienne poterie pesrsane, décor à rosaces en émaux polychromes.

7 — Plat en ancienne faïence de Perse, décor en quatre rayons fond bleu et fond blanc avec bordure à arabesques en émaux de couleur.

8 — Plat en ancienne faïence persane, décor bleu sur blanc, vase de fleurs et arabesques.

9 — Plat en ancienne faïence persane, décor à fleurs et feuillages.

10 — Plat de Perse fond bleu pâle à fleurs.

11 à 16 — Douze vases de Perse fond craquelé, décor en bleu (sera divisé).

17 — Plat ancien de Perse, décor à médaillon en bleu sur blanc.

18 — Plat de Perse, décor à rayons en bleu sur blanc.

19 — Petit plat rond en ancienne faïence de Perse fond bleu clair, décor au trait noir.

20 — Plat en ancienne faïence persane, décor fleurs et palmes en bleu sur blanc.

21 — Plat en ancienne faïence de Perse, le centre décor à animal fantastique, le bord à arabesque en bleu.

22 — Vase en faïence italienne, décor à arabesque de fleurs en bleu.

23 — Petite bouteille en verre émaillé de Venise.

24 — Plat fond turquoise, provenant des fouilles Rocca, dessin noir feuilles et fleurs.

25 — Plat rond ancien de Perse, décor en bleu sur blanc à rosace.

26 — Plat creux ancien de Perse, décor en bleu sur blanc, soleil au centre, fleurs au marli.

27 — Bol ancien de Perse, décor en bleu sur blanc.

28 — Plat ancien de Rhodes, décor à fleurs et palmes dessinant une rosace.

29 — Plat ancien de Perse, décor gerbe fleurie en bleu.

3o — Plat ancien de Perse, décor couronne de fleurs et feuillage, au centre bord quadrillé.

3i — Paire de vases de Chine décorés d'objets et motifs divers en relief et en émaux de couleur sur fond blanc.

32 — Deux potiches couvertes en porcelaine de Chine, fond jaune à arabesques et médaillons à personnages.

33 — Paire de vases avec couvercles forme presque sphériques, décorés d'oiseaux dans des paysages fleuris.

34 — Deux vases avec couvercles de Chine, décor en bleu sur blanc à médaillons, animaux et motifs variés.

35 — Belle statuette de Karinon en riche costume émaillé en couleur, porcelaine de Chine.

36 — Personnage étendu sur un écrin formant encrier, en vieux gris émaillé de Chine.

37 — Plat en ancienne faïence de Castelli, décor amours et fleurs.

38 — Plat en faïence d'Urbino, décor scène biblique.

39 — Plat de Faenza, décor à rosace.

40 — Deux cornets d'Urbino, décor à médaillons et attributs.

41 — Deux vases des Abruzzes, décor polychrome à personnages.

42 — Groupe en biscuit : Scène champêtre.

43 — Groupe en biscuit : La Déclaration.

44 — Paire de vases de Chine fond bleu, à médaillons.

45-46 — Deux divinités en blanc de Chine.

47-48 — Deux figurines en grès émaillé de la Chine.

49 — Deux vases, décor genre famille verte.

50 — Deux vases de Chine, décor à figures sur blanc.

51 — Jardinière de Chine, décor à personnages.

52 — Paire de vases de Chine, décor à fleurs et paysages.

OBJETS D'ART

53 — Pendule du Premier Empire en bronze ciselé et doré représentant le Serment des Horaces ; le socle offre en bas-relief le combat.

54 — Paire de grands étriers en fer avec vestiges de dorure.

55 — Bouclier en fer gravé et incrusté, dessin à figures et inscriptions.

56 — Lampe à trois branches en cuivre, XVIIe siècle.

57 — Petit cabinet en laque de Perse ancien, dessin mosaïque.

58 — Petit coffret en ancien laque de Perse, décor à cavaliers.

59 — Toilette en ancien laque de Perse, dessin mosaïque.

60 — Cabinet en incrustations d'ivoire gravé, décor à fleurs, travail ancien.

61 — Miniature sur ivoire : Scène galante.

62 — Boîte en argent gravé avec agate sur le couvercle. Epoque Louis XV.

63 — Tête d'homme en ivoire, XVIe siècle.

64 — Deux étriers en fer doré, travail de Tolède, anciens.

65 — Lot de reliures anciennes en cuir doré au petit fer.

66 — Lot de livres anciens, avec leurs vieilles reliures.

67 — Pendule forme petit monument en cuivre gravé, XVIe siècle.

68 — Tableau-reliquaire en ancienne broderie, cadre en ébène.

69 — Deux reliquaires en écaille Louis XIII.

70 — Deux pistolets à canons gravés et incrustés
d'or, de la fabrique de Madrid.

71 — Pendule formée d'une statuette de Mercure
en métal peint blanc soutenant le mouve-
ment.

72 — Grand groupe en biscuit : Personnages
dans des ruines.

73 — Statuette de danseuse en biscuit.

74 — Deux statuettes de mendiant et mendiante
en biscuit.

75 — Jumelle et fragments de face-à-main.

76 — Stéréoscope : Vues des usines de Dion-
Bouton.

BIJOUX, ARGENTERIE

77 — Garniture composée d'un bracelet, une
broche et une paire de boutons de manchettes
en or et corail ; dans un écrin.

78 — Collier orné de dix-neuf diamants et dix-neuf turquoises.

79. — Bague en or et platine enrichie de rubis de Siam.

80 — Broche forme tortue ornée de diamants et rubis.

81 — Épingle de cravate en argent et corail.

82 — Deux épingles à cheveux en argent et corail.

83 — Broche en or et émail : Chapelle de Tell.

84 — Deux boutons de manchettes en vermeil russe ; une clé en or ; cachet forme chien en agaie.

85 — Éventail en nacre, feuille peinte à oiseaux et fleurs.

86 — Presse papiers et boîte à timbres en agate.

87 — Service en argent se composant de quatre salières, un plat et quatre cuillers à sel ; dans un écrin ; de la maison Love.

88 — Fourchette et cuiller en argent ajouré.

89 — Couteau et fourchette en agate et argent
gravé.

90 — Jardinière en métal argenté avec corbeille
en verre bleui.

TABLEAUX, DESSINS
GRAVURES

91 — BOUDIN. Les Religieuses. Deux dessins
dans un même cadre.

92 — COROT. Arc de triomphe romain Dessin
au lavis, signé du monogramme.

93 — COROT. Bord de rivière. Fusain, signé à
gauche.

94 — DESCHAMPS. Paysage dans la Dordogne

95 — DESCHAMPS. Vue de Beaulieu (Corrèze).

96 — DIAZ. La bourrasque. Paysage. Fusain.

97 — GREUZE (D'après). La cruche cassée. Premier chagrin. Deux gravures.

98 — HARPIGNIES. Pont rustique sur la lisière d'un bois. Fusain.

99 — MOUTON. Femme à sa toilette.

100 — MIGNARD (Attribué à Pierre). Portrait de grande dame en robe de satin blanc brodé d'or avec manteau bleu drapé, coiffure haute à longues bandes tombant sur les épaules. Cadre ancien bois sculpté et doré.

101 — VAN ORLEY (Ecole de). Evêque en adoration devant la Vierge et l'Enfant Jésus dans une cathédrale.

102-103 — ROUBY. Vases de fleurs. Deux pendants.

104 — SAINT-AUBIN (D'après). Le concert et le bal paré. Deux gravures.

105 — ECOLE ANCIENNE. Scène allégorique.

106 — ECOLE ESPAGNOLE. Portrait d'Isabelle la catholique.

107 — ECOLE MODERNE. Portrait de femme en costume xviiie siècle. Pastel.

108 — ECOLE MODERNE. Portrait de femme à coiffure poudrée. Pastel.

109 — Dessin à la plume : portrait de Meissonnier.

110 — Gravure : l'Etang de Fontainebleau.

111 — Dessin : Personnages dans un parc. xviiie siècle.

112 — Petite gouache : vue de Paris. Cadre bois sculpté et doré.

MEUBLES

113 — Grande table en bois sculpté et doré, dessus en marbre. Style Louis XIV.

114 — Deux bergères en bois sculpté et doré, couvertes en soierie crème brochée. Style Louis XVI.

115 — Chaise longue en trois parties, bois sculpté
et doré, couverte en soie brochée. Style
Louis XV.

116 — Grand fauteuil en bois sculpté et doré,
couvert en velours ciselé. Style Renaissance.

117 — Deux encoignures anciennes en bois
sculpté.

118 — Ameublement de chambre à coucher en
noyer sculpté et ciré style Louis XV, composé
d'un lit de milieu avec sommier, une armoire
à glaces à deux portes et une table de nuit.

119 — Meuble de salon en bois sculpté et doré,
couvert en étoffe genre tapisserie au petit
point, dessin à corbeilles de fleurs et motifs
élégants, style Louis XVI, composé d'un
canapé, deux fauteuils et deux chaises.

120 — Ecran en bois sculpté et doré, garni de
même étoffe, dessin analogue. Style Louis XVI.

121 — Petite table rectangulaire en bois sculpté
et doré, dessus en marbre. Style Louis XVI.

122 — Meuble à hauteur d'appui en bois satiné, garni de bronzes. Style Louis XVI.

123 — Dessus de porte avec trophée d'attributs champêtres en bois sculpté peint en blanc.

124-125 — Meubles divers de fantaisie.

126 — Colonne en marbre rouge antique, avec chapiteau et embase en bois sculpté et doré.

127 — Coffret de mariage en bois sculpté et doré, orné d'émaux et de cabochons, style xvie siècle.

TAPIS, ÉTOFFES

128-129 — Deux tapis anciens espagnols de Grenade, un polychrome, l'autre rouge et bleu.

130 — Tapis ancien de Perse à petits dessins.

131 — Tapis du xviie siècle, dessin polychrome de la Perse.

132 — Tapis ancien de prière, dessin archaïque.

133 — Tapis de Perse à grands motifs polychromes, xviiie siècle.

134 — Tapis de prière ancien, décor archaïque.

135 à 141 — Sept tapis anciens de Perse à dessins
variés (seront vendus séparément).

142 à 145 — Six coussins en broderie d'Orient
sur fonds de satin.

146-147 — Cinq petits tapis ou dessus de table
en broderie d'Orient.

148 — Divers morceaux de damas anciens.

149 — Châle en dentelle noire.

150 — Quatre mètres de dentelle de Valen-
ciennes.

151 — Paire de rideaux en soie jaune brochée
ton sur ton.

152 — Un lot de cuirs de Cordoue.

153 — Bandeau de soie brochée fond blanc à
fleurs.

154 — Trois bandeaux en soie violette, dessin à fleurs.

155 — Écharpe en soie rouge, orange et verte.

156 — Dessus de coussin en velours de Scutari.

157 — Petit coussin en satin rouge broché.

158 — Petit coussin en broderie sur satin blanc.

159 — Petit tapis en fil de lin bordé de soie.

160 — Objets omis.